SECRETOS DEL DINERO

EL BANCO NO QUIERE
QUE USTED SEPA.

Gypsy I. Córdova

TABLA DE CONTENIDO

DEDICATORIA

El haber finalizado este, mi primer libro, es para mi un logro profesional, pero, más que todo uno personal, por lo tanto dedico el mismo a mi familia inmediata, mis padres, mis hermanos y mis hijos.

Específicamente estos últimos, son a quienes más les he tomado del tiempo de ellos, para prepararme ante la vida y así poder ayudar a otros.

Agradezco al Creador por la vida y a la Madre Tierra por la salud. Las largas horas durante días, meses y años dedicadas al estudio, a las nuevas tendencias, la actualización de información financiera, han dado como fruto este material, pero, tal y como dije antes, ha sido tiempo de mi familia que he entregado a este proyecto, por lo que a mis hijos agradezco y dedico este libro.

Daliris, Alanis e Isaac, gracias!

UNA HISTORIA DE FINANZAS

Era octubre de 2002 y me encontraba acompañado de quien fue mi esposa y de mi abogado el Lcdo. Edelman, sentados en el Tribunal Federal de los Estados Unidos en San Juan de Puerto Rico para radicar finalmente ante un juez mi solicitud del Capítulo 7 de bancarrota.

Largas noches de lágrimas por el desespero de querer salir de esa situación económica, hablar de la quiebra fue para entonces difícil y frustrante. Con el espíritu abatido luego de semanas y meses tratando de evitarla, pero, ya era inminente y no teníamos otra salida ya que había alcanzado la cifra de $120,000 en deudas que no podía pagar.

La falta de suficientes ingresos personales provocaron mi incumplimiento con mis acreedores, las cartas por los atrasos y cartas de cobro comenzaron a inundar mi buzón, al extremo que tener que ir a buscar las correspondencias era un acto deprimente y literalmente de miedo, porque ya había amenazas por parte de mis acreedores con llevarme a los tribunales para cobrar el dinero que les adeudaba, asunto que antes jamás había pasado y al que nunca me había enfrentado.

Tuve que entregar mi auto al banco por no poder pagarlo, las llamadas de teléfono continuaban y eran atendidas selectivamente por miedo a atender otra llamada de un molesto e insistente acreedor, en fin, una pesadilla que no le desearía a nadie pasar por ella.

Rogué en mi mente por no encontrarme a ningún conocido en el camino al tribunal para evitar una mayor vergüenza a la que ya teníamos y así fue, no nos encontramos a nadie en el camino, pero, lamentablemente si, dentro del tribunal, a una vieja amiga nuestra de la infancia que hacía mucho no veíamos. ¡Vaya que sorpresa! Nos saludamos, nos abrazamos y zas, su pregunta -"qué hacen aquí?" -"Radicando nuestra quiebra" -contesté.

Inmediatamente noté en su rostro el cambio de uno de alegria, por uno de compasión solidaria, ella es abogada y tenía ese día a cargo la representación de clientes también, la sala estaba llena y yo estaba quebrado financieramente y así lo dictaminó el juez al otorgar la descarga, conocida en inglés por "discharge".

Comencé mi nuevo año en enero de 2003 sin dinero, con un vehículo viejo y defectuoso, en un pequeño sótano rentado, la nevera vacía, la ropa que tenia puesta, recibiendo por primera vez subsidio alimentario del gobierno y como si esto fuera poco, sin trabajo y camino a lo que finalmente culminó en mi divorcio.

Pero, un nuevo giro tomó mi vida cuando cinco años más tarde de haber radicado mi quiebra estaba sentado nuevamente con abogados en una oficina en San Juan, Puerto Rico, pero, esta vez entregando un cheque por la cantidad de $14,000.00 como pronto para la compra de un nuevo y hermoso apartamento, tenía un auto saldo, había pagado en efectivo a esa fecha dos viajes de vacaciones a Estados

Unidos y tenía dinero en cuentas de ahorro y de retiro que recién había comenzado.

¿Cómo lo logré? Con disciplina, mucho trabajo y un plan de finanzas que te mostraré en este libro. Durante dos años tuve dos empleos a tiempo completo, uno durante el día y otro durante la noche, trabajando un total de 80 horas semanales para poder lograr metas financieras que me permitieran tener cierta libertad. Hago mención de mi ejemplo solo para mostrarte que la necesidad y la perseverancia, acompañado de metas claras, son claves para tu superación personal.

En este libro te enseñaré cómo preparar un presupuesto balanceado que te permita saber dónde estás económicamente y hacia dónde quieres dirigirte. Te brindaré estrategias para la eliminación de deudas y analizar si es conveniente las posibilidades de consolidación. Obtendrás la orientación de solicitar gratuitamente tu informe anual de crédito, como entenderlo y te proveeré las herramientas para corregir y eliminar legalmente los datos que afecten el mismo. Finalmente te brindaré algunos consejos de ahorrar y nuevas tendencias de inversión.

De esto se trata este libro, para enseñarte cómo tú puedes también lograr tus metas personales y financieras.

INTRODUCCIÓN

La lectura detallada a este libro, su análisis profundo y aplicación de los elementos que en él les presento, te dará las herramientas básicas para que puedas entender tus finanzas personales y tener acceso a los secretos del mundo financiero y la banca, que hasta ahora permanecen ocultos ante la persona y familia promedio.

La meta que debes tener, es como obtener riqueza de tu esfuerzo, por lo tanto, entender cómo trabaja el dinero y aquellos que lo manejan, te dará control de tu dinero y poder decisional sobre el mismo.

La lectura de este material te dará a ti el poder de decidir qué y cuándo tomar acción, quitándole a los bancos el poder sobre ti y tu vida financiera.

¿TIENE USTED CONTROL DE SU DINERO?

P ara comenzar a trabajar en tu éxito financiero la primera herramienta que debes conocer es el presupuesto. Gracias a un buen presupuesto tendrás una valiosa información sobre tus hábitos reales de consumo, podrás analizarlos de forma objetiva y tomar decisiones responsables en la planificación financiera y lo más importante, tendrás absoluto control del dinero y no que el dinero tenga control de ti.

Pero, ¿qué es un presupuesto? Es el cálculo anticipado de tus finanzas. Con el harás un plan de los recursos económicos personales o familiares para lograr objetivos financieros a corto plazo (1 a 6 meses) a mediano plazo (6 a 12 meses) y largo plazo (3 o más años).

Tu presupuesto debe revisarse mensualmente si existe inestabilidad económica y con esto me refiero a que posiblemente el dinero que entra (ingresos) no sea suficiente para cubrir tus deudas y gastos de vida mensualmente. Te recomiendo realizar los ajustes necesarios para llevar a cabo el plan establecido, es decir que debes mantener el control de tus gastos y mantener o aumentar el nivel de ingresos.

Esa inestabilidad económica suele ocurrirle a los que obtienen ingresos por concepto de servicios prestados, ventas, negocio propio, auto, empleados, que al no ser asalariados, no generan la misma cantidad de dinero siempre, por lo que sus finanzas pueden verse afectadas ciertas épocas al año debido a las fluctuaciones en el dinero que generan. Para estos es aún mayor la importancia de hacer un presupuesto, conocerlo y tener ahorros que le permitan cubrir las épocas inestables. Más adelante en el capítulo de ahorros hablaremos de estrategias para ahorrar.

Para comenzar a trabajar en tu presupuesto, es importante distinguir entre gasto y deuda. Cuando hablo de gastos, debes conocer que son aquellas partidas en las que pagas para tu estilo y calidad de vida, por ejemplo, el pago de tu satélite, alquiler, teléfonos, electricidad u otras utilidades, estos son gastos.

Las deudas son aquellas obligaciones fijas por dinero prestado mayormente de los bancos, como por ejemplo, las tarjetas de crédito, la hipoteca, autos, préstamos personales, etc.

Antes de realizar un presupuesto

Es importante que conozcas las preguntas básicas que debes realizar antes de empezar un presupuesto:

¿Cuánto dinero ingresas y cuánto gasta tu familia cada mes?

¿Logras llegar con comodidad a fin de mes en tus pagos y gastos?

¿Logras ahorrar y tienes un fondo inmediato para emergencias?

Si tienes dificultad contestando esas simples preguntas y no tienes idea de tus ingresos y gastos reales, seguramente tampoco tendrás ahorros, lo que significa que te encuentras en un inminente peligro financiero de ocurrir una situación económica inesperada, si no la has tenido aún, es muy probable que la tenga en un futuro cercano, porque a todos nos ha pasado.

Ventajas de tener un Presupuesto:

- Saber en qué gastas el dinero.
- Ajustarte a los gastos que te puedes permitir.
- Ahorrar dinero y reducir o eliminar deudas.
- Contar con un fondo para emergencias.

Pero uno de los más importantes y que no se habla es que podrás reducir o eliminar la mayor parte de los conflictos familiares.

No es un secreto que los problemas de endeudamiento y la falta de dinero en el hogar es uno de los factores principales de divorcio, algunos estudios revelan que los problemas económicos aumentan en más del 40% las probabilidades de rupturas conyugales.

Personalmente puedo decir que las dificultades financieras del pasado contribuyeron negativamente en mi relación de matrimonio que influyeron en gran medida en mi divorcio, el estrés y la irritabilidad causa que esta situación, aunque muy penosa sea una realidad que no quiero que tu la vivas.

Además, la falta de liquidez económica (dinero en efectivo disponible) en individuos es una de las mayores causantes de la depresión en los mismos e inclusive ha llevado a muchos de privarse de la vida al verse en la bancarrota. Pero, esto no tiene que pasarte a ti porque a continuación voy a compartirte cómo lo puedes hacer.

Comencemos a preparar tu presupuesto

Recuerda que los elementos que paso a paso vamos discutiendo tienen el propósito de que puedas entender e identificar los aspectos generales del dinero y como poder retener más para ti.

Paso 1: Ingresos. Anota en una hoja grande todo el dinero que ganas y el de tu pareja si viven juntos y también anota los gastos y deudas, detallando hasta lo más mínimo.

El ingreso es todo el dinero que generas, ya sea por el cobro de salario o pensiones, comisiones por ventas, cobro por servicios prestados, efectivo que generas por ventas misceláneas o el profesional que trabaja por cuenta propia y recibe pagos en efectivo, dinero que recibas por alquiler de alguna propiedad, en fin, todo el dinero que recibes. Anota todas las cantidades y crea una suma total mensual.

Paso 2: Gastos. Incluye todas las salidas de tu dinero, desde el pago de la hipoteca o el alquiler, préstamos personales, estudiantiles, diezmos, ofrendas, subscripciones a revistas, tarjetas de crédito, compras de comestibles, hasta el café con tostadas que compras cada mañana.

A continuación un modelo de hoja que puede utilizar directamente en este libro.

MES _____ **AÑO** _____

Mis ingresos de este mes

Ingresos	$
Cheque de pago (como salario después de impuestos, beneficios y tarifas por cobrar los cheques)	$
Otros ingresos (después de impuestos) como: manutención de menones	$
Ingresos mensuales totales	$

Gastos	Total Mensual
Alquiler o hipoteca	$
Seguro de inquilino o propietario	$
Servicios públicos (como electricidad y gas)	$
Internet, cable y teléfonos	$
Otros gastos de vivienda (como impuestos a la propiedad)	$

Comestibles y artículos para el hogar	$
Comer fuera	$
Otros gastos de alimentos	$

Transporte público y taxis	$
Gasolina para el automóvil	$
Aparcamiento y pasajes	$
Mantenimiento del automóvil (como cambio de aceite)	$
Seguro del automóvil	$
Préstamo para el automóvil	$
Otros gastos de transporte	$

Gastos

Gastos	Total Mensual
Medicamentos	$
Seguro de salud	$
Otros gastos de salud (como citas con el médico o gafas)	$

Guardería	$
Manutención de menores	$
Dinero dado o enviado a la familia	$
Ropa y calzado	$
Lavandería	$
Donaciones	$
Entretenimiento (como películas o parques de atracciones)	$
Otros gastos personales o familiares (como belleza)	$

Tarifas pro cheques de caja y transferencias de dinero	$
Tarjetas pre-pagadas y telefónicas	$
Tarjetas de bancos o tarjetas de crédito	$
Otras tarifas	$

Costos escolares (como materiales escolares, matricula, préstamos estudiantiles	$
Otros pagos (como pagar tarjetas de crédito o ahorros)	$
Otros gastos que no producen cada mes	$

Gastos mensuales totales	$

$ [_____] − $ [_____] = $ [_____]

Ingresos   Gastos

Si eres un emprendedor, empresario u profesional que generas ingresos por tu cuenta y tu negocio no es una corporación, quiere decir que tanto los ingresos como los gastos personales y de negocio están unidos a una misma cuenta, a esos efectos debes crear tu lista de gastos incluyendo los relacionados a tu empresa.

De todas formas, debes crear una lista de tus gastos y deudas directas como individuo o familia separada a otra lista para los de tu negocio, de igual forma intenta pagar tus cuentas personales y sus pagos con el dinero que tengas asignado como ingreso personal, y así comenzarás a separar los gastos y pagos de tu negocio de lo personal.

Identifica los gastos fijos de los variables que te explico a continuación.

A. Gastos Fijos:

Son aquellos gastos obligatorios y exactos cada mes, por ejemplo el pago de hipoteca o renta, préstamos, teléfonos, internet, pago de pólizas, seguros, etc.

B. Gastos Variables:

Son los gastos mensuales pero que las cantidades varían, por ejemplo: la compra de alimentos, la comida fuera del hogar, pago de gasolina y gastos de mantenimiento de vehículo, cine, lavandería, ropa, etc.

Paso 3: Crea calendario. Es importante que anotes las fechas de pagos al lado de los gastos fijos y una fecha estimada de los pagos de gastos variable, haciendo esto te aseguras pagar a tiempo tus responsabilidades y evitar afectar tu historial crediticio y pagar recargos y costosas penalidades.

Ejemplo:

Aplicaciones de teléfonos móviles para el presupuesto

Sin duda es una herramienta que recomiendo inmediatamente. En el mercado de APPS (Aplicaciones) busca aquellas que son gratuitas, verifica las revisiones de los usuarios para que descargues una que sea confiable.

Lo que necesitas en una aplicación móvil:

- Una que te permite añadir en un calendario la cantidad del pago.
- Nombre del acreedor o nombre del gasto
- Fecha exacta que corresponde el pago
- Activación de las notificaciones de vencimiento de pago.

Pero, recuerda que esto debe hacerse solo después de haber realizado tu presupuesto en blanco y negro sobre una hoja de papel que tendrás pegada frente a la nevera u escritorio, la utilización de una aplicación te ayudará a cumplir a tiempo tus obligaciones, pero, no sustituye tu hoja de presupuesto.

Paso 4: Resultado final de los números de tu presupuesto

Debes identificar si tienes un superávit o un déficit, los términos significan lo siguiente.

1. **Superávit** = Significa que en tu economía los ingresos son mayores que los gastos. Es a lo que debes aspirar.
2. **Déficit** = Significa que no alcanzas a cubrir tus gastos mensuales o a fin de año, una economía en la que tus gastos superan a tus ingresos, en contabilidad se le llama "números rojos".

Una vez conozcas realmente en qué estado están tus finanzas y puedas identificar si es superávit o déficit, podrás entonces continuar con un plan financiero que te ayude a lograr riqueza. Quizás ahora puedas pensar que es complicado, pero, no te preocupes porque te enseñaré los elementos para que logres un presupuesto saludable.

Elementos básicos para un presupuesto saludable

En esta etapa ya tienes identificado el total de tus ingresos, gastos, deudas y conocer si tienes un superávit o un déficit, partiendo de esos resultados, te recomiendo los siguientes pasos:

1. **Cuenta bancaria de cheques.**

En ella debes recibir tus ingresos como punto de partida para comenzar a tener control de tu dinero. Harás los pagos a través de ella, ya sea electrónicamente o por medio de cheque y podrás programar el pago automático de tus cuentas que te servirá para evitar demoras y cargos por retrasos.

Si eres de los que manejas dinero en efectivo y realizas pagos de la misma forma, no hay problemas con eso, pero, debes llevar una bitácora o registro personal de los ingresos y pagos, porque no llevarlos corres el riesgo de no saber con detalles los números reales con los que has trabajado.

2. Cuenta de ahorros para emergencias.

En esta cuenta depositarás sólo dinero para ahorrar para emergencias, la cantidad mínima en esta cuenta debe ser de tres (3) a seis (6) meses de tus ingresos. De esta cuenta pagarás todas las situaciones imprevistas en tu diario vivir, como por ejemplo, la compra de una nevera que se dañe, la reparación de la transmisión de tu vehículo, cubrir tus pagos por estar enfermo durante un mes, etc., solo para tus emergencias.

¿SABÍA USTED QUE SUS POSESIONES NO DETERMINAN SU RIQUEZA?

Muchos están equivocados pensando que ser ricos es tener muchas posesiones, de hecho, los millonarios si las poseen, la diferencia es cuán endeudado o no está una persona de todo lo que posee. A continuación les explicaré el significado de capital y le mostraré un ejemplo real de una situación que le permitirá entender mejor la importancia de las deudas, ingresos, gastos y el porque tener un buen capital es a lo que usted debe aspirar y en este libro le enseñaré cómo lograrlo.

Capital es el resultado neto en dólares y centavos luego de sumar el total de tus activos y restar el total de tus pasivos, ése es tu capital.

Para tener una idea real de tu capital debes sumar cuidadosamente el valor de todas tus posesiones, incluyendo dinero en efectivo, cuentas de retiro o certificados, prendas, autos, casas, en fin todo lo que posea valor, eso se le conoce en el campo de las finanzas y contabilidad como activos.

Luego pasarás a identificar los pasivos, que son las deudas que tú poseas, como ejemplo, la deuda del auto, de la hipoteca, la tarjeta de crédito, el préstamos personal u estudiantil. El total de las deudas es tu pasivo.

Luego suma tu capital, réstale tu pasivo y sabras cual es tu capital neto. El resultado le dirá la verdad de su economía.

+ **Activo**

- **Pasivo**

= **Capital**

Caso real

Hablemos de Ricardo (nombre ficticio), el caso uno de mis asesorados, tiene una casa que le costó $250,000 dólares, dos autos con valor de $125,000 y un bote que le costó $110,000 tiene aproximadamente $50,000 en muebles y enseres en su hogar, $75,000 en prendas, joyas, relojes y ahorros en efectivo por $25,000 para un total de $635,000 en activos, el se sentía que era el rey de la cuadra, pero, analicemos sus deudas.

La casa de Ricardo es una prácticamente nueva, por lo tanto, los primeros años ha estado pagando solamente los intereses acumulados, debe aún mucho más de lo que vale, el balance de saldo con su banco hipotecario es de debe $300,000 (aproximados), de sus autos de lujo debe aún $75,000 y de su flamante bote de fines de semana debe aún $100,000. Por concepto de sus muebles y prendas debe $110,000 debe $125,000 en préstamos estudiantiles y $32,000 en tarjetas de crédito combinadas, para un total de deudas (pasivos) de $742,000.

Cuando sumamos y restamos sus activos y pasivos este es el resultado.

$$+ \quad \$635,000 \text{ en activos (posesiones)}$$
$$- \quad \underline{\$742,000 \text{ en pasivos (deudas)}}$$
$$= \quad -\$107,000 \text{ (negativo)}$$

Es decir que si Ricardo tuviera que vender todas sus pertenecías hoy para pagar sus deudas, se queda sin hogar, sin autos, sin botes, sin prendas, sin muebles y aún así le debería al banco $107,000.

Ese es su su verdadero capital (negativo / déficit -$107,000).

Lo que significa que cualquier otra persona con una moderada hipoteca, digamos de entre unos $150,000 y moderados vehículos entre los $30,000 menos joyas y sin un bote, probablemente tiene mucho más dinero en activos y por ende más capital.

Si usted quiere ser rico y gozar de solidez económica, deba menos dinero a su banco (pasivos) y obtenga más activos para que tenga un capital sólido, una economía en superávit, ahí está el secreto de la riqueza, aumentar tu capital.

¿Cuál fue la recomendación y los pasos que se tomaron para que Ricardo tuviera una mejor economía?

- No comprar más a crédito.
- Comenzar a ahorrar inmediatamente.
- Se estableció un moderado plan para disminuir las deudas.
- Vender lo que no use y/o lo que le sigue costando dinero en mantenerlo innecesariamente.

Luego de haber tomado algunas medidas correctas y de haber hecho ajustes necesarios, Ricardo pudo ahorrar dinero para pagar en efectivo sus necesidades sin recurrir a tarjetas de crédito, mientras, comenzó un moderado plan para acelerar sus deudas que le permitió saldarlas en menor tiempo, economizando así muchos miles de dólares en intereses que ahorró al no pagarlos al banco.

No se esmere en tener costosas posesiones inicialmente, sino en vivir bien, pero no a costa del crédito y la deuda, porque realmente usted habrá caído en las garras de la banca y usted trabajará 20 a 30 años para "ellos". Mejor, ahorra más para ti y podrás retirarte en abundancia y libre de deudas.

Haga capital, ese es uno de los secretos que su banco no quiere que usted sepa.

¿CONOCE EL VERDADERO INTERÉS DE LA BANCA?

Aquí en este capítulo les estaré presentando detalles de los aspectos de las deudas, conocidas como pasivos, en ellas hay buenas y malas, te mostraré porqué y cuáles son. Las deudas son las responsabilidades económicas que contrajo mediante un contrato verbal u escrito en el que viene obligado (de ahí la palabra obligaciones) en ley a pagar.

Estas deudas, son el dinero prestado por el banco, pero, recuerde el banco es una corporación, literalmente un negocio y no le prestará dinero solo con el hecho de que es buena persona y tiene la necesidad. Le presta porque viene acompañado de una terrible enfermedad del dinero, los intereses.

El interés es la palabra utilizada en las finanzas y los bancos para describir el por ciento añadido al monto original de la cantidad de dinero prestada.

El problema de los intereses es el gran secreto que guardan los bancos y cualquier otra institución con los fines de prestar para poder ganarle dinero adicional. Debe entender que es ahí donde debe velar que no caiga enredado, una vez en ella, será difícil salir y será una "presa".

Entonces, ¿qué hacer si necesita dinero? Pues primero identifique si realmente "necesita" el dinero para algo importante o si por el contrario es otro capricho de las compras impulsivas en su visita a su centro comercial favorito.

Digamos, que tiene una seria necesidad de dinero para asuntos personales o de familia, pues entonces no acepte la primera oferta que le haya llegado a su buzón de correos, debe hacer múltiples llamadas a diferentes instituciones y hacer al menos las siguientes preguntas:

- ¿Que por ciento de interés ofrece para préstamos personales? (o de negocio si es su caso).
- ¿A qué término (los meses a pagar) mínimo y el máximo que ofrecen?
- ¿Es necesario la firma de un codeudor?
- ¿Que por ciento exigen como pronto pago para el préstamo? (Mayormente en caso de hipotecas).

¿Porqué es importante hacer estas preguntas antes de tomar una decisión? Debido a que tú necesitas obtener el más bajo interés por el préstamo que vas a realizar y te daré un ejemplo.

Digamos que vas a comprar tu primer hogar y el mismo tiene un valor de tasación por $250,000 y un banco te ofrece un interés de 5.5% a 30 años, estos serán los números aproximados.

Tendrá un pago mensual de $1,419 por los próximos 30 años, de esa cantidad de dinero mensual los primeros 15 a 20 años irán destinados a pagar primero la deuda de los intereses, luego de pagados los intereses a su banco, entonces irán los pagos destinados al balance original, es por eso que muy probablemente haya notado ya en algún préstamo anterior, que ha realizado pagos varios años de alguna deuda y cuando pregunta en determinado momento qué cantidad debe, le dan una suma que es mayor o igual a la adeudada originalmente. Y usted se preguntó: -"¿cómo es posible si llevo pagando tanto tiempo y aún debo todo ese dinero?"- Ya sabe porqué, los altos intereses bancarios.

Continuamos con el ejemplo anterior. Le explico, si usted aceptó un interés al 5.5% de interés, el banco hará el cálculo multiplicando por la cantidad adeudada por el término acordado (30 años) y estos serán los números.

- $250,000 Valor hipoteca
- 5.5% Interés
- 360 meses (30 años)

- Total de dinero en intereses es $261,010
- Total adeudado $511,010
- Pago mensual $1,419

Antes de llegar a conclusiones tomemos el mismo ejemplo con otro número en el interés.

Si usted se dio a la tarea de "investigar" otras ofertas de bancos y encontró que hubo uno de ellos que le ofreció un 4.2% de interés por la misma cantidad y al mismo término de años, estos serían los números:

- $250,000 Valor hipoteca
- 4.2% Interés anual
- 360 meses (30 años)
- Total de dinero en intereses es $190,115
- Total adeudado $440,115
- Pago mensual $1,222

Analiza conmigo el resultado. Aceptando una oferta de su Banco al 5.5% y no la de otro al 4.2% usted pagará $70,895 más por el mismo término.

De aceptar una oferta de 4.2% pagará $197 menos mensualmente y si pone ese dinero en una cuenta de ahorro que genere intereses como mínimo un 3% al final de 30 años tendrá su casa salda con un valor añadido que podría rondar los $400,000 (activo) y una cuenta con \$107,602 en efectivo ahorrados (activo) que no le pagó a su banco.

¿SABÍA QUE NO TODAS LAS DEUDAS SON MALAS?

¿Existen deudas buenas?

No todas las deudas son malas, hay algunas que se consideran buenas y esto es un asunto que usted debe comprender para que tenga éxito económico.

Una deuda buena es aquella en la que pide dinero prestado con el objetivo de adquirir bienes o realizar inversiones que eventualmente le generará ingresos y capital neto en el futuro.

Con las deudas buenas se compran activos que nos reportan una rentabilidad, por lo que son útiles para aumentar nuestra riqueza. Y aunque también las deudas buenas conllevan el pago de intereses, ellas deben reportar ganancias mayor a la deuda ya sea mensualmente o a largo plazo.

Veamos un ejemplo, hay gente que se endeuda para comprar una vivienda que posteriormente alquilará. Si el pago mensual a pagar cada mes por la hipoteca es de $1,000 (dólares) y luego alquilan la casa por $1,300 dólares mensuales, cada mes obtienen una rentabilidad de $300 dólares. En este caso, la deuda hipotecaria con la que compran la casa es una deuda buena.

Digamos que has obtenido préstamos estudiantiles para una carrera universitaria o el estudio de una profesión y que como resultado de esa deuda obtendrá un grado, título o certificado que le ayudará a generar mayores ingresos, eso es una deuda buena, solo procure entonces estudiar una carrera que le guste y en la que planee ejercer porque de lo contrario, sino decide trabajar en lo que se ha endeudado, tendrá una deuda mala.

Si usted se endeuda para financiar un proyecto emprendedor y crear su propia empresa o negocio esto también es una deuda buena ya que independientemente de la deuda que ha contraído, la misma generará riqueza que le permitirá cubrir el pago de su acreencia y le sobrará dinero que le añadirá capital neto, recuerde tal como le hablé anteriormente, es el capital el secreto de la verdadera riqueza y a eso debe aspirar, no a endeudarse.

No obstante, recuerde hacer buen uso de la deuda buena y no sobrepasarse de sus propios límites económicos. El adquirir deudas irresponsablemente convertirá una deuda buena en una pesadilla financiera para ti y yo no quiero fracases, sino que prosperes.

Conozca las deudas malas

Por otro lado y como contraparte están las deudas malas, estas son todos los compromisos financieros que se adquieren para comprar bienes o servicios que no podemos pagar y recurrimos al crédito.

Un ejemplo de deudas malas sería comprar un auto de lujo y de último modelo mientras aún estás viviendo rentado o apenas puedes pagar tu hipoteca, no malinterprete mi intención, si necesita realmente un auto confiable hágalo, pero si desea salir de la pobreza, aléjese de las apariencias, compre un vehículo que cubra su necesidad y no su ego, ya habrá tiempo cuando organice sus finanzas para un hermoso auto de sus sueños.

Ejemplo real de uno de mis asesorados fue el de Carlos, cuando yo me encontraba en la etapa de explicarle acerca del concepto de adquirir capital neto por medio de los activos, estaba muy entusiasmado, al momento tenía deudas comerciales por ser dueño de una pequeña empresa, vivía rentado, tenía tarjetas de crédito, préstamos personales y no tenía ahorros sustanciales.

Luego de realizarle un estudio y análisis financiero personalizado, pude demostrarle que pagar renta para vivienda no era un buen negocio para él y que de hecho estaba perdiendo dinero mensualmente. Le pregunté porque no compraba una propiedad y me dijo que le aterraba la idea de endeudarse a largo plazo con una hipoteca, sin embargo había pagado renta por vivienda por los últimos 18 años. Cuando sacamos los números él había pagado alrededor de $129,000 dólares en renta y ese dinero muy bien lo hubiera tenido acumulando capital si fuera su hogar, pero, lo había perdido.

Entendió que así como el había sido responsable en pagar su renta podía adquirir una hipoteca moderada y pagarla con la misma diligencia. Demás está decirle que poco después adquirió una casa que pagaba una cantidad similar a lo que fue su renta de alquiler, se sintió aliviado y realizado.

Además realizamos un plan de aceleración de deudas que tanto le mortificaban su salud emocional, más adelante les mostraré cómo realizar un plan personalizado para usted y entraremos en detalles y ejemplos.

Así que recuerde distinguir entre deudas malas y deudas buenas para que pueda hacer uso de esa herramienta y comience a hacer capital que es su activo.

Hipotecas ¿un activo o un pasivo?

Existe una modalidad por algunos empresarios y economistas a llamar la adquisición de bienes inmuebles (hipotecas) como un pasivo, es decir una deuda que le resta valor a su dinero, entre ellos Robert Kiyosaki y Grant Cardone. Obviamente ambos son dueños de bienes raíces para alquiler, así que si tú no compras habrá una gran oportunidad de que termines rentando una propiedad que les pertenezca a ellos.

Difiero de esa postura ya que si no adquiere una hipoteca se verá obligado a vivir rentado, a pagar a otra persona por un techo ya que supongo que no querrá dormir debajo de un puente para "ahorrar dinero".

Por lo tanto, la adquisición sabía de una hipoteca es bien recomendada para usted, aunque esta no le "deje dinero" con ingresos mensuales y en efecto está pagando intereses hipotecarios, todos sabemos que al saldar la misma tendrá un valor añadido que superará lo pagado por usted.

Dicho lo anterior, debo aclarar que si desea tener una economía saludable la adquisición de una hipoteca debe ser una moderada mientras usted levanta las bases financieras sólidas, porque si comienzas comprando "la casa de sus sueños" en que el costo de las mensualidades reduzcan su calidad de vida durante tanto años, esa sería una adquisición insensata y pasará a convertirse en la "pesadilla de sus sueños".

¿Es recomendada la consolidación de deudas?

¿No le ha pasado o sabe de alguien que tiene un préstamo con un banco y más adelante le ofrecen otro préstamo para consolidar, o cuando está a punto de saldar una deuda le llaman de su banco para ofrecerle que renueve el mismo? ¿Porqué cree que ocurre eso? Si piensa que se debe a que usted le cae muy bien o son sus amigos, la respuesta es no, se debe a que ellos están haciendo dinero con el suyo y quieren que tu sigas en esa trampa. Ese es uno de los secretos que el banco no quiere que usted sepa.

La consolidación de deudas es una herramienta disponible, pero, la misma hay que mirarla con mucho detenimiento, no olvide que sigue siendo otra deuda, un pasivo y usted quiere salir de las deudas o por lo menos no endeudarse más de lo que quizás y muy probablemente ya esté.

La consolidación hay que evaluarla en cada caso y ver las particularidades específicas de cada persona o familia, lo que es bueno para uno, quizás no lo sea para otros, por lo que es indispensable ser muy cuidadoso a la hora de considerarla y le explicaré porqué.

Personalmente recomiendo antes de considerar una consolidación, analizar porqué la persona cree necesitarla. Si se debe a que en los últimos 24 meses ha estado tomando prestado sin control, creando pasivos (deudas) indiscriminadamente, no tiene ningún ahorro, ni se ha ajustado a ningún plan financiero, mi recomendación firme, es que no tome más dinero prestado, para pagar dinero prestado.

Normalmente la experiencia demuestra que una persona que no tiene disciplina financiera y como resultado de la misma se ha endeudado, una vez obtiene un préstamo de consolidación por una cantidad mayor, salda deudas viejas, se sentirá aliviado unos meses, porque no tiene muchas cuentas, le sobra dinero adicional, pero, no lo ahorra, sino que lo gasta y además comenzará a endeudarse en cuentas nuevas para comprar cosas que no necesita pensando que ahora le sobra dinero y puede pagar la nueva deuda y lo que ocurrirá es que a fin de año no podrá pagar como debe, afectando su crédito por morosidad en sus pagos mensuales y quedándose corto de dinero para poder pagar a sus acreedores y a su banco, entonces el estado financiero será peor que cuando no había hecho la llamada "consolidación".

Otro dato importante es recordar que las deudas vienen acompañadas de los intereses y si usted lleva digamos pagando un préstamo por tres años ya usted ha pagado la mayor parte de la deuda y si decide hacer un préstamo nuevo para "bajar" el pago mensual lo que realmente estará haciendo es endeudándose más.

Como único una consolidación pudiera ser buena es si lo hace para pagar cuentas con menos de dos años de adquiridas y que el nuevo préstamo de consolidación ofrezca intereses mucho más bajos que los actuales y por ende su pago mensual y los intereses serán bajos. Además la disciplina es muy importante en este proceso porque sino terminará endeudándose nuevamente después de la consolidación.

¿CONOCE QUE SUS DEUDAS SE PUEDEN LIQUIDAR RÁPIDAMENTE?

Consejo para acelerar pago de deudas.

Al principio de este libro se estableció la importancia de crear un presupuesto financiero personalizado para que identificara sus ingresos y egresos reales, sólo así podría destinar dinero a distintas partidas y el pago de sus deudas.

Luego de asegurarse de haber hecho un presupuesto y ajustarse al mismo, entonces estará listo para entrar en una fase de acelerar sus deudas, esto después que tenga dinero ahorrado para cubrir necesidades en una cuenta de ahorros, así, de ocurrir una situación inesperada no tendrá que recurrir a una deuda sino a sus ahorros.

Siga estos sencillos pasos:

1. Ponga en una lista las deudas en orden de menor a mayor de los balances de sus deudas, empezando siempre con las tarjetas de crédito.

2. Coloque el balance de estas cuentas y el pago mensual de las mismas.

3. Identifique qué cantidad adicional utilizará todos los meses para abonar a este sencillo plan de acelerar su deuda.

Una vez usted ha enumerado sus deudas, tiene el balance que debe de ellas y ha identificado la cantidad mensual que utilizará, debe entonces empezar por la deuda de tarjeta de crédito que menos dinero deba y enviará, además del pago mínimo mensual el pago adicional que usted identificó para su plan de aceleración todos los meses, con disciplina todos los meses enviará el pago mínimo a tiempo y el dinero adicional hasta que salde el balance de esa primera tarjeta de crédito o préstamo si es el caso.

Una vez usted ya saldó su primera tarjeta, destinará todo el dinero que antes pagaba a la deuda que eliminó, a esta segunda cuenta. De la misma forma, pagará el pago mínimo requerido o pago mensual fijo y hará un pago adicional mensual por la cantidad de la deuda que ya no existe. Una vez saldada la segunda, tome la tercera y así sucesivamente hasta que usted se sienta cómodo en detenerse o haya saldado sus deudas o la mayoría de ellas.

Esto le ahorrará mucho dinero en el pago de intereses, mayormente en las tarjetas de crédito ya que el por ciento de interés es mucho más alto en ellas que en lo préstamos.

Normalmente una persona promedio tiene aproximadamente cuatro tarjetas de crédito de acuerdo a estadísticas y el balance promedio de las mismas combinadas fluctúan en los $15,000 si ese es su caso debe tomar medidas inmediatas, ya que el interés compuesto de las tarjetas de crédito aumentan de tal manera que sino hace un plan de bajar el balance de las mismas podría estar un promedio de 23 años pagando para saldar la deuda. El interés compuesto es la suma del interés sobre otro interés de forma acumulativa. Tu puedes tener un producto financiero que genere intereses compuestos a tu favor o por el contrario como en las tarjetas de crédito, estarás perdiendo dinero al pagar intereses compuestos por razón de la deuda.

Ejemplo de cómo acelerar deudas. Supongamos que tiene las siguientes deudas:

Cuenta	Balance	Pago mensual
1. Tarjeta tiendas por departamento	$1,200	$75
2. Tarjeta de crédito Visa	$3,200	$125
3. Tarjeta de crédito Master Card	$6,500	$275
4. Préstamo personal	$2,700	$89

Tomemos como ejemplo que has identificado $200 adicionales que deseas destinar para acelerar tus deudas, harás lo siguiente:

Cuenta a pagar	Usted paga	Debe pagar (pago mínimo mensual + presupuesto mínimo para acelerar)
1. Tarjeta tiendas por departamento	$75	$275 ($75+$200)
2. Tarjeta de crédito Visa	$125	$400 ($125+275)
3. Tarjeta de crédito Master Card	$275	$675 ($275+$400)
4. Préstamo personal	$89	$764 ($89+$675)

- Pagará la cuenta número (1) del ejemplo anterior $75 (pago mínimo) + $200 (pago destinado para acelerar deuda) = $275 y se mantendrá pagando esa cantidad sin añadir más deuda a la misma hasta que quede salda.

- Pagará cuenta número (2) del ejemplo. Esta vez pagará la suma del pago mínimo ($125) y le añadirá al pago la cantidad que antes pagaba en total de la deuda número (1) que era $275 + $125 = total de $400 que estará enviando ahora a esta cuenta mensualmente hasta que la salde.

- Tomará el mismo ejemplo con la cuenta número (3) y luego (4) hasta que tu decidas continuar o hayas saldado las cuentas.

Una vez haya saldado tus cuentas o decidas detener plan de aceleración, continúe depositando la cantidad que te sobre en cuentas de ahorros para ti. Recuerda primero haber creado ahorros para atender imprevistos económicos y luego pagar deudas, no al revés, páguese usted primero. El tema de los ahorros lo discutiremos en el capítulo donde hablaremos exclusivamente del tema del ahorro.

A los bancos no le gusta que usted haga un "plan de acelerar deuda, de hecho algunas ocasiones no le aceptarán pagos en exceso por teléfono, tendría que ir personalmente a realizarlos como medida para dificultar su transacción, esto se debe a que el motivo del banco es que tu pagues tus cuentas como dice el "contrato", pero, realmente es una medida de garantizar que pagarás demás por medio de los intereses que acumula su deuda todos los meses.

¿HA PENSADO QUE LA BANCARROTA PODRÍA SER SU MEJOR ALTERNATIVA?

¿Es la bancarrota una alternativa real?

Si lo es, anualmente alrededor de 1.5 millones de personas se acogen a la ley de quiebras en Estados Unidos y sus territorios. Y si llevas años tratando de salir adelante económicamente, ha perdido su empleo, le han reducido las horas sustancialmente, su negocio no hace las ventas que acostumbraba, ha perdido clientes, se mudó de ciudad y ese cambio no le ha permitido estabilidad financiera, su salud se ha quebrantado o la de su pareja u hijos, los acreedores le llaman toda la semana, le teme al buzón de correos porque cada vez que va solo encuentra cartas de cobro y amenazas para llevarlo al tribunal y embargar los bienes, le han quitado su auto o están a punto de hacerlo por no poder pagarlo. Todas son razones por las que tú pudieras tener una seria dificultad de solvencia monetaria y por tal razón pudieras considerar acogerte a la ley de quiebra.

Debe llamar a su banco y agotar todas las alternativas pidiéndole que le hagan un plan de pago, reducir o eliminar total o parcialmente los intereses, pero, nada de lo anterior debe atentar con varios puntos vitales:

- La seguridad de un techo para ti y tu familia.
- Un plato de comida saludable en su mesa todos los días.
- Un plan de salud para atenderse de ser necesario.
- Vehículo para transportarse al trabajo, escuela, médicos.
- Ahorrar para una emergencia y tener ahorros para su retiro.

Usted puede tener la mejor intención de pagar y ser genuino en ese deseo, pero, primero antepone tu bienestar y el de tu familia por encima de tu banco. Primero atienda sus necesidades básicas a cabalidad, nunca deje de suplir ninguna de las cosas que enumeré antes, por hacer pagos a sus banco.

Si se encuentra en una inminente necesidad de pedir auxilio legal bajo la ley de quiebras, vaya inmediatamente donde un abogado que se dedique a atender estos casos e infórmese, además nunca vaya solo a un tribunal si lo han citado por el cobro de deuda.

No tome decisiones a la ligera, pero, tampoco espere para que sea muy tarde, si su situación económica parece no tener salida quizás la quiebra sea una alternativa seria.

Su banquero le dirá que jamás lo haga, que su crédito se afectará por siete años y que no podrá tomar más crédito.

Aunque realmente estos planteamientos no son falsos, la realidad es que cuando tu llegas a la situación de morosidad en sus pagos, te llaman para cobrarte, te envían cartas o te amenazan con tribunales, ya es tarde, tu crédito está afectado y no te prestarán dinero tampoco en muchos años y todo eso sin estar en quiebra, pues, no hay mucha diferencia, excepto, que si el tribunal de quiebras te la concede, habrá eliminado todas o parcialmente la mayoría de sus deudas para que pueda tener un nuevo comienzo.

Ese fue mi caso en el pasado, pero, pude restablecerme, tomar medidas y continuar mi vida y tu también puedes hacerlo.

Antes de continuar con este nuevo tema, me gustaría ofrecerte un recurso para que lo evalúes más adelante y es un enlace del Gobierno Federal de Estados Unidos para orientar a los consumidores en temas financieros, la dirección electrónica es https://www.consumerfinance. gov una vez en la página puede acceder mucha información libre de costo, someter una querella de alguna institución financiera si así lo cree y puede verificar si la compañía o institución con la que usted quiere hacer transacciones tiene querellas con el Gobierno Federal, además, también puede llamar a 1-855-411-2372.

¿SABÍA QUE LA LLAVE DE SU RIQUEZA SE ENCUENTRA EN EL CRÉDITO?

Historial crediticio y restauración de crédito.

El propósito de este capítulo es entender la importancia del crédito, cómo conservarlo, evitar errores para perderlo y para ello les presentaré un caso real de uno de mis asesorados (a quien llamaremos David).

El me trajo la preocupación que luego de comprar su auto había intentado comprar una casa y no le fue aprobada y que eso le sorprendía, porque había comprado su auto sin problemas, así que junto a él revisamos su reporte de crédito que lo obtuvimos al momento por internet, esto fue lo que pasó.

David, antes de la compra del auto tenía un puntaje de 690, considerado "regular", su vendedor de auto cuando recibió la solicitud, le prometió que le conseguiría la "mejor" oferta, llamó a cuatro bancos distintos para aprobación y la consiguió. Pero, cada indagación resta puntos como le había dicho y estas cuatro indagaciones a bancos distintos en busca de la "mejor" oferta, provocó que le bajara a David la puntuación a 655 y más tarde cuando fue en busca de un hogar no tenía la puntuación mínima de 680 que su banco hipotecario exigía. Ante su desespero y antes de consultarme había ido a una segunda institución hipotecaria y le fue denegado, así que ya tenía dos indagaciones adicionales que le habían bajado 50 puntos a su historial crediticio en menos de dos meses.

La situación con David es que quería comprar un hogar y justo cuando estaba decidido a hacerlo se enfrentó con unos datos inesperados. Así que preparé para él un plan de restaurar su crédito porque tenía en su historial unas incongruencias que consistían en que tenía dos cuentas que no le pertenecían y no lo sabía, además de que su puntuación había bajado sobremanera por las indagaciones (inquiry). Esto hicimos:

- Paso #1 solicitamos copia de los informes a los "credit bureau".
- Paso #2 solicitamos que corrigieran las incongruencias.
- Paso #3 luego de evaluar nuestra solicitud fueron corregidas y confirmadas por escrito.
- Paso #4 se detuvo toda nueva solicitud de préstamo.
- Paso #5 asegurar de pagar todo a tiempo.

Y para terminar en el caso de David, antes de solicitar nuevamente un préstamo hipotecario verificamos su historial y su crédito estaba restaurado y con una puntuación de 710, él estaba listo y así lo hizo, esto nos tomó alrededor de tres meses, pero, finalmente lleva varios años en la que disfruta de su propiedad.

Esta experiencia demuestra que el encargado de su situación financiera debe ser tú mismo en compañía de su analista financiero o contable, no un vendedor, así que si estás en la necesidad de pedir crédito, llame a distintas sucursales, pregunte de sus ofertas, busque la mejor tasa de interés y entonces solicite a ese único banco un préstamo para lo que tú necesitas, si va donde un vendedor puede correr el riesgo que le pase lo mismo que a David, perderá puntos por indagaciones en su crédito y se le dificultará la obtención del mismo

Formas de solicitar su informe gratuito

La rectificación del crédito está regulado por la ley conocida como "The Fair Credit Reporting Act" (FCRA) creada en el 1970, así que no dude en revisar su crédito, ni tenga miedo hacerlo ya que es un proceso completamente legal.

Para solicitar su informe de crédito digitalmente puede accesar a: www.annualcreditreport.com. Tome en consideración que todo este proceso es en el idioma inglés si accede a ese enlace, pero, puede acceder en español a la página de la FTC (Federal Trade Commission) Comisión Federal de Comercio a: www.consumidor.ftc.gov

Además puede llamar al 1-877-322-8228 o complete el formulario escrito llamado (Annual Credit Report Request Form) y envíelo por correo con una copia de su identificación, copia de seguro social y copia de alguna factura que esté a su nombre y envíelo a: Annual Credit Report Request Service, P.O. Box 105281, Atlanta, GA 30348-5281. Este formulario puede obtenerlo en formato "pdf", imprimirlo, llenarlo y enviarlo por correo a la dirección anterior, para descargarlo accede https://www.consumidor.ftc.gov/file/2149/

Antes de 30 días tendrá sus reportes a vuelta de correo, una vez los tenga revíselos.

La gran importancia en mantener un buen historial de crédito se ve reflejada en el puntaje (credit score) o empírica que le conceden a los individuos las agencias de crédito principales americanas especializadas en evaluar el riesgo crediticio basado en la moneda del dólar, entiéndase por estas cómo TransUnion, Equifax y Experian, conocidas como "Credit Bureau". A estos puede acceder en los siguientes enlaces y teléfonos:

- www.transunion.com 1-800-916-8800
- www.equifax.com 1-888-548-7878
- www.experian.com 1-888-397-3742

Entendiendo su puntuación

Las instituciones u entidades que conceden crédito revisan el puntaje crediticio (Credit score) conocido como "FICO" que es una entidad que concede una puntuación promedio basado en unas métricas (bastante abstractas por cierto) de la que poco se conoce.

"FICO" significa Fair Isaac Corporation, es la pionera en el desarrollo de un método para los puntajes de crédito basados en la información recogida por las compañías de informes de créditos antes mencionados.

El puntaje (Credit score) refleja, entre otros factores, la puntualidad en el pago de las obligaciones crediticias, el número de deudas que se tiene, su magnitud y además, el tiempo que lleva construyendo su historial crediticio. Mientras más tiempo lleve ese historial, mejor será el puntaje.

Los puntajes de FICO oscilan entre 300 y 850. Un puntaje más alto hace que sea más fácil cualificar para un préstamo y puede facilitar una mejor tasa de interés. Usted puede revisar directamente su puntuación de crédito entrando al enlace de www.myfico.com y ver las opciones que tienen disponibles de monitoreo y puntuación de crédito por cargos al momento o mediante mensualidades en la que usted puede cancelar en cualquier momento o puede orientarse telefónicamente a 1-800-319-4433.

Factores que determinan su puntuación crediticia promedio son:

- Historial de pago…..35%
- Cantidad de deudas vs límite disponible…..30%
- Experiencia de crédito….15%
- Solicitudes de crédito…..10%
- Tipos de crédito…..10%

Como podrá apreciar el 65% de su buena o mala puntuación de crédito está en los primeros dos factores que le menciono, así que pague a tiempo y mantenga balances bajos disponible en las tarjetas de crédito.

Consejos para mantener buena empírica.

Parte de lo que debe saber para obtener y mantener un buen puntaje de crédito o parte de lo que puede afectar negativamente es:

- Pague todas sus cuentas a tiempo.
- Solicite crédito si cree que usted lo necesita.
- Solicite su informe de crédito gratis cada año y verifíquelo.
- Su historial de pago de factura.
- Sus deudas pendientes actuales.
- La edad de las cuentas abiertas.
- La cantidad que usted utiliza de su crédito disponible.
- Nuevas solicitudes de crédito (Indagaciones) ("Inquiry" en inglés).
- Si alguna de sus deudas ha sido enviada a cobro o una quiebra.

Si usted tiene una tarjeta de crédito o varias, tenga en cuenta un dato que su banco o institución bancaria no le dirá y es que si utilizas más del 30% de la línea de crédito perderá puntos automáticamente, no se exceda de esa cantidad como le sea posible, para mantener una mejor puntuación.

Cada vez que tú ofreces su número de seguro social para buscar la aprobación de un préstamo, línea de crédito, tarjetas o cualquier otro asunto financiero, harán lo que se conoce en las finanzas como una indagación de crédito (inquiry) que no es otra cosa que entrar a su historial crediticio, ver su puntuación y forma de pago, esta indagación de crédito le restará varios puntos al momento, que pueden fluctuar entre 3 a 12 puntos por vez y en algunos casos mayor cantidad. Están las que se conocen como indagaciones "suaves" (soft) y las "duras" (hard), la diferencia entre una y otra es el propósito y quien la solicite. Las suaves son mayormente para compañías telefónicas, servicios de internet o asuntos de servicios donde la puntuación no bajará mucho, pero, están las "duras" que son las que usted realiza para comprar un auto, casa o préstamo de mayor envergadura.

¿Dónde se encuentra su empírica?

- 720-850 excelente
- 680-719 buen crédito
- 620-679 promedio
- 580-619 bajo
- 500-579 pobre
- 300-499 crédito malo

Consejo para subir de inmediato su puntuación.

A continuación un secreto que los bancos no quieren que usted sepa. Para poder obtener puntuación de crédito inmediato, si su pareja (o cualquiera que esté dispuesto hacerlo) tiene buen crédito y buena puntuación y es poseedor de una tarjeta de crédito puede llamar a la institución financiera o banco que emitió la tarjeta y pedirle que desea añadir a la cuenta a una segunda persona como "usuario autorizado", brindará los datos personales y número de seguro social de la persona que será añadida, una vez finalizado el proceso y una nueva tarjeta sea emitida al nuevo usuario autorizado, se utilizará como base la experiencia crediticia del primario y la puntuación crediticia de esa tarjeta ya utilizada previamente pasará al nuevo poseedor inmediatamente sin afectar los puntos actuales de la persona primaria.

Si eventualmente no desea continuar autorizando a esa persona en esa tarjeta, debe llamar a la institución y solicitar la remoción de la persona de la cuenta dejando sin efecto la tarjeta emitida y de igual forma se removerá los puntos que esa persona obtuvo al usted autorizarla, pero, sin afectar el crédito.

Además, recuerde que una de las formas más rápidas para subir su puntuación es bajando los balances de sus tarjetas de crédito a menos de un 30% del límite. Elimine también información incorrecta y obsoleta que le esté afectando su historial de crédito y verá como en 30, 60, 90 días su empírica subirá inmediatamente.

En otro tema, existe en el mercado compañías que ofrecen excelentes servicios para el monitoreo de crédito, puntuación y disputas. De hecho existen muchas que tienen plataformas digitales para aplicaciones móviles (Apps) que puede descargar en su teléfono y beneficiarse de la tecnología.

Líneas de crédito personales.

Hay un dato que la mayoría de los consumidores desconocen y es que las líneas de crédito que ofrecen los bancos para tus cuentas bancarias personales reducen tu empírica si al cierre de mes tienen balances.

La línea de crédito funciona y debe tenerla para cubrir cualquier sobregiro inmediato en alguna transacción durante el mes y así evitar cargos por sobregiro y otros cargos por cheques sin tener los fondos al momento; pero, si durante el mes utilizó su línea de crédito para lo anterior descrito y no salda el balance total al cierre de mes, bajará su puntuación crediticia.

Las líneas de crédito son como una reserva para cubrir un sobregiro, pero, no para tener cargos mensualmente como lo son las tarjetas de crédito que funcionan a la inversa. Es decir, si tiene tarjetas con balance menor al treinta por ciento tendrá una puntuación mayor, pero, si tiene algún balance pendiente de pago en su línea de crédito bancario le bajará su puntuación, anote ese detalle.

Las líneas de crédito se saldan mensualmente para evitar el pago de altos intereses bancarios y la pérdida de puntuación crediticia.

Información al solicitar el informe gratuito.

Es necesario que proporciones tu nombre, dirección física, número de seguro social y fecha de nacimiento. Además, si se ha mudado durante los últimos dos años, es posible que tenga que informar su domicilio previo. Con el fin de mantener la seguridad de su registro, cada compañía de informes puede pedirle algún otro dato que solamente tu conozcas, como por ejemplo la cantidad del pago mensual de su hipoteca o el pago de su auto, esto solo con la intención de confirmar que en efecto se trate de ti y no de un impostor tratando de obtener crédito a tu nombre.

Es importante que use interese en ver su informe de crédito por las siguientes razones:

- Para estar seguro que la información registrada es exacta, completa y actualizada.
- Para protegerse contra el robo de identidad.
- Prepararse para un evento financiero de importancia.
- Antes de solicitar empleo con el Gobierno o rentar una propiedad.

Una vez usted solicita sus informes, los mismos estarán a vuelta de correo aproximadamente en 15 días laborables, si lo hace en línea a través del web tendrá acceso al momento y podrá imprimirlo para obtener su copia física.

En caso de que las compañías crediticias (credit bureau) necesitaran mayor información para verificar su identidad, podría tomar algo más de tiempo ya sea que solicite su informe en línea, telefónicamente o por correo.

Cuando solicita crédito a alguna institución y el mismo le es denegado, le llegará una notificación por correo indicando que no fue favorable la decisión y que si desea una copia del reporte de crédito puede solicitarlo por escrito libre de costo, esta es una de las excepciones a las que podrá obtener más de un informe adicional al que tiene derecho anualmente.

¿Qué hacer si encuentra errores en su reporte de crédito?

Esto fue lo que hicimos con David en el caso anterior, hacer un reclamo, al mismo se le llama disputa (dispute) en la que usted presenta que hay inexactitudes, cuentas en caducidad, información incompleta o errónea en su informe de crédito, recuerde puede hacerlo por teléfono, por cartas o por los sitios web provistos anteriormente.

Bajo las disposiciones de la Ley Fair Credit Reporting Act (FCRA), (15 U.S.C. § 1681, is U.S. tanto las compañías crediticias como quien provee la información crediticia son responsables de corregir la información caducada, inexacta, incompleta y errada registrada en su historial crediticio.

Cuando menciono caducada me refiero que si hay en su informe una cuenta "mala" o negativa con siete años de antigüedad tienes derecho a que la borren del sistema y eso ayudará en su puntuación. Esto no quiere decir que si debe una deuda la misma queda saldada, lo que quiere decir es que no aparecerá en su informe si solicita que lo eliminen.

Las compañías de informes de crédito deben investigar los datos cuestionados dentro de los 30 días a menos que consideren que su disputa carece de fundamento.

Completada la investigación, la compañía debe entregarle los resultados por escrito y una copia gratuita de su informe en caso de que surja un cambio como resultado de su disputa. (Este informe no es considerado su informe gratuito anual al que usted tiene derecho bajo las disposiciones de la Ley de Transacciones de Crédito Imparciales y Precisas.)

Si un dato es cambiado o eliminado, las compañías crediticias no pueden volver a colocar la información disputada en su registro a menos que el proveedor de la información verifique que la misma es exacta y completa. Asimismo, la compañía de informes de los consumidores debe enviarle una notificación escrita en la cual se incluya el nombre, domicilio y número de teléfono del proveedor de la información.

Es muy importante que conozca esta parte técnica y es un tema valioso que le ofrecerá a una perspectiva distinta de sus finanzas y le ayudará entender cómo "piensa" el banco y cómo se mueve el motor de la economía financiera moderna.

Desconocer de este tema a muchas personas les cuesta millones de dólares en pagos de intereses más altos al banco, a otros miles más les cuesta no poder atender y protegerse del fraude y robo de identidad que tanto daño le hace a los individuos y familia y yo te mostraré cómo protegerte de esa situación.

Los extremos no son buenos, malo es estar completamente endeudado o si una persona no tiene ninguna deuda y nunca ha hecho uso del crédito, pues no tendrá un historial crediticio y por ende le será muy difícil integrarse a una economía que está basada en la obtención de crédito como motor económico y financiero. En cambio, alguien que pague a tiempo sus cuentas, va a tener un historial y puede tener acceso al crédito cuando lo necesite tarde o temprano.

Si no tiene disciplina y está en aprietos de deuda y sus tarjetas están al tope, le recomiendo que detenga el uso de las tarjetas de crédito, enfóquese en hacer un presupuesto y ajustarse como le mostré en el primer capítulo y tal como le expliqué en el segundo capítulo en el tema de la deuda de cómo establecer un sencillo plan de aceleración de pago y hágalo, simplemente no use la tarjeta a menos que sea indispensable.

Ejemplos de cartas a enviar a los credit bureau.

Recuerde que cada caso es individual y puede tener unas particularidades que otros no, pero, a continuación le estaré anexando unos modelos de cartas que puede utilizar si desea disputar cuentas en su historial de crédito.

Carta #1

Carta Ejemplar # 1

Carta para Borrar Manchas

Date:

Name of City Bureau
Address of City Bureau
City, State, Zip Code

To Whom It May Concern:

I formally request that the following inaccurate items be immediately investigated. They must be removed in order to show my true credit history, as these items should not be on my report. Pursuant to the Fair Credit Reporting Act, I will expect you to complete the verification within 30 (thirty) days.

Company Name	Account Number	Comments
1.		NOT MINE
2.		Innaacurate
3.		Obsolete
4.		

Please send me my updated report as soon as your investigation is completed.

Sincerely,

Signature

You're Name
Address
Social Security Number
Date of Birth

A mano - Copia del reporte de crédito -- Copia de licencia, seguro social y factura

En esta carta anotará desde donde comienza la fecha, seguido por el "credit bureau" a quien desea dirigirse (Ej. Transunion, Equifax o Experian) y si tiene que corregir información en más de uno, tiene que escribirles por separado a cada uno.

Luego escribirá el nombre de la compañía o empresa que aparece en el reporte de crédito, tal y como aparece en el mismo, luego, al lado, escribirá el número de cuenta que aparece en el reporte, incluyendo si hay letras, guiones, asteriscos, es decir, todo tal cual aparece en el reporte. Al final de esa línea pondrá una palabra que resuma el porqué debe borrar esa "mancha" o cuenta negativa. Hay como ejemplo "Not mine", "inaccurate", "obsolete", es decir, que no es suya la cuenta, o la información no es correcta, o la cuenta está obsoleta (más de 7 años).

En esta hoja añadirá todas las cuentas que desee disputar, sino hay suficiente espacio utilice más de una página. Luego, firme la carta, añada su nombre en manuscrito, su dirección postal, escriba su seguro social y fecha de nacimiento.

Cómo notará al final de la carta hay unas instrucciones; "**A mano, Copia reporte de crédito, Copia de licencia y seguro social y factura**". Esta carta escríbala a puño y letra (a mano) no en computadora y envíela con copia de todo lo anterior por correo postal certificado con acuse de recibo a la dirección del "credit bureau" que está disputando la información.

Si son a dos "credit bureau" la enviará igualmente certificada con acuse de recibo o a los tres si es el caso. La copia del reporte que añadirá a este reclamo (disputa) es solo la hoja donde aparezca la cuenta que quiere reclamar, no debe enviar copia de todas las páginas que acompañan a un reporte de crédito, ya que son demasiadas páginas y no es necesario. Debe sacar copia de todo lo que envíe para su récord, ya que posiblemente tenga que enviar copia de lo que haya enviado para poder evidenciar y probar su reclamo.

La razón por la que se debe hacer la carta a mano, es para demostrar que en efecto es usted quien disputa y no un sistema mecanizado ("software") y que tampoco se trata de una firma de abogados que hayas contratado, ni de una agencia de restauración de crédito.

Es muy probable que su disputa vaya a manos de una computadora para "evaluación", pero eventualmente cuando continúe su proceso de disputa y alegaciones, su expediente llegará a las manos de un examinador y corroborará que se trata de un individuo (usted) y que por lo tanto hay méritos en su reclamo.

La ley le exige a los "credit bureau" contestar en 30 días al recibo de su carta, o 15 días adicionales para un total de 45 días, si ellos así se lo hacen dejar saber por escrito antes que culmine el término.

Una vez realizada la investigación le contestarán los resultados de la misma, en ella le indicarán si borraron información solicitada (deleted) o sino hubo cambios en su solicitud dirá ("no changes", "updated") y en algunos casos puede ser que le soliciten información adicional para confirmar su identidad, en ese caso le dejarán saber qué información debe enviar u algún número al que deba llamar.

Si reclamó la eliminación de varias cuentas y borró unas y otras no, puede someter una segunda carta, dejándoles saber que aún desea continuar con el proceso de disputa de las cuentas restantes, a continuación un modelo de carta que puede utilizar para ese reclamo.

Carta Ejemplar # 2

Second Dispute letter – Remaining items

Date:

Name of City Bureau
Address of City Bureau
City, State, Zip Code

To Whom It May Concern:

Thank you for deleting some of the accounts which incorrectly appeared on my credit report. However, I still vigorously dispute the following remaining items. These accounts are still being reported inaccurately and are extremely damaging to me.

In accordance to the Fair Credit Reporting Act, Section 1681i, I ask you to reinvestigate these items and delete them from my report.

1.
2.
3.

Furthermore, I would appreciate the names of the individuals you contacted for verification, along with their addresses and phone numbers so I may follow up.

Sincerely,

Signature

You're Name
Address
Social Security Number
Date of Birth

A mano - Copia del reporte de crédito

Dirigirá la carta al Credit Bureau al que está reclamando con nueva fecha, firma, nombre en letra de molde, seguro social.

Cómo notarás al final de este modelo de carta provee las instrucciones, esta carta debe hacerse a mano y debe enviar copia del último reporte que le enviaron, solo de la (o las) páginas en cuestión. De igual manera, lo enviará por correo certificado con acuse de recibo, pero esta vez, sin copia de su identidad, eso ya lo hizo en la primera carta y no es necesario esta vez.

Recuerde no escribir en su carta la parte superior ni tampoco inferior de la carta ejemplar o modelo donde dice: "Carta Ejemplar #2", tampoco escriba: "Second dispute letter - Remaining items"

¿Cómo añadir información positiva a sus reportes de crédito que no se encuentran?

Así como se encuentra información errónea, también se da el caso de que en uno o varios de los Credit Bureau no tienen información de crédito buena o se encuentre en un agencia de crédito (Credit Bureau) y en otras no, mayormente es la razón por la que la puntuación (empírica) es tan dispareja.

Puede por escrito proveer a la agencia de crédito la evidencia de que tiene una cuenta de crédito, préstamo, tarjeta u cualquier otro, para que ellos la añadan a su historial crediticio. El modelo de carta que puede utilizar para eso es el siguiente:

Carta Ejemplar # 14

Add Positive Information

Date:

Name of City Bureau
Address of City Bureau
City, State, Zip Code

To Whom It May Concern:

After reviewing my recent credit report from your company, I am dismayed to find that you do not list the following credit accounts. Please add this information to my credit report immediately.

If there is any fee for this service, please advice.

Creditor
Address
Type of Account
Account Number
Date Opened
Credit Limit
Balance

Your cooperation in this matter is greatly appreciated

Sincerely,

You're Name
Address
Social Security Number
Date of Birth

A computadora

Haga la carta a computadora y envíe copia con la evidencia que mejor pueda probar su reclamo.

¿Qué hacer si se trata de alegados atrasos en su reporte?

Si su caso se trata de atrasos en los que usted no haya incurrido en los mismos la carta modelo que puede utilizar es la siguiente:

Carta Ejemplar # 3

First Dispute Letter – Late payments

Date:

Name of City Bureau
Address of City Bureau
City, State, Zip Code

To Whom It May Concern:

My credit report lists the following accounts as reflecting late payments. These accounts are in error because they were paid on time. Please reinvestigate the following accounts and update my credit report to accurately reflect my credit history. Pursuant to the Fair Credit Reporting Act, I will expect you to complete the verification within 30 (thirty) days.

1.
2.
3.

I would appreciate your sending me an updated copy of my file as soon as you have completed the investigation.

Sincerely,

Signature

You're Name
Address
Social Security Number
Date of Birth

A mano - copia del reporte de crédito – Copia de licencia, seguro social y factura.

Siga las instrucciones descritos al final de la carta, igual que las que ya expliqué en los modelos anteriores.

Aquí escribirá el nombre de la cuenta, número tal y como aparece en el reporte de crédito, en esta ocasión no tiene que especificar la razón de la disputa ya que la carta habla de los atrasos, así que la agencia de cobro verificará en esa cuenta los atrasos registrados para atender su solicitud. Envíe esta carta dirigida a la agencia de crédito y espere la respuesta, que podría ser que borraron (deleted) la cuenta negativa, que permanecen como están (updated) o que borraron unas y otras no.

Sino borraron ninguna o borraron algunas y desea continuar con su reclamo (disputa) debe dar seguimiento con una segunda carta a este caso.

Carta Ejemplar # 4

Second Dispute Letter – Remaining Items
(Late Payments)

Date:

Name of City Bureau
Address of City Bureau
City, State, Zip Code

To Whom It May Concern:

Thank you for deleting some of the accounts which incorrectly appeared on my credit report. However, I still vigorously dispute the following remaining items. These accounts are still being reported as late payments and are extremely damaging to me.

In accordance to the Fair Credit Reporting Act, Section 1681i, I ask you to reinvestigate these items and update my report to accurately reflect my credit history.

1.
2.
3.

Furthermore, I would appreciate the names of the individuals you contacted for verification, along with their addresses and phone numbers so I may follow up.

Sincerely,

Signature

You're Name
Address
Social Security Number
Date of Birth

A mano - copia del reporte de crédito

Siga las instrucciones que dicen al pie de la carta y envíe la misma certificada.

¿DEBE PAGARLE A LAS AGENCIAS DE COBRO?

¿Debe pagarle a las agencias de cobro?

Mi respuesta es no; Le explico. Originalmente cuando usted firma un contrato con una institución bancaria para adquirir un préstamo personal, de auto, tarjetas de crédito o cualquier otra obligación, se compromete a pagar esa cantidad en determinado tiempo y cantidad que debe cumplir a su mejor posibilidad, pero, si por alguna razón de dificultad económica no puede realizar los pagos según acordado en el contrato, la institución comenzará a llamarlo, enviarle cartas o llamar a las personas "contacto" que puso como referencia por exigencia del banco para así tratar de cobrar el monto adeudado.

Mientras esto ocurre, los bancos enviarán notificaciónes a las casas crediticias (credit bureau) de sus atrasos (morosidades) y si eventualmente no pudo pagar, luego de varios meses, la mayoría de los bancos pondrá su cuenta en pérdida, que en inglés se conoce como "charge off", lo que significa que en los archivos apareceré que no les pagó y difícilmente podrá pedirles dinero nuevamente y que se lo aprueben, además, estando como "charge off" o "tirada a pérdida" el banco no hará más acciones de cobro y en la mayoría de los casos su expediente será "vendido" con la "deuda" a una empresa privada que se les conoce como "Agencias de Cobro".

Estas agencias habrán pagado al banco algunos centavos por cada dólar adeudado por usted, pongamos como ejemplo que su deuda es de $5,000 y ellos pagaron por ese expediente suyo unos $700 dólares. Estas empresas tratarán a toda costa obtener de ti todo el dinero que le adeudaba al banco y además ellos le habrán sumado, "intereses, penalidades y recargos" para quizás un nuevo monto total de $6,200 dinero que tú no le adeudas a la agencia de cobro, porque tu no hiciste contrato con ellos, ni le ha firmado ningún documento, por lo tanto esa deuda no tiene que pagarla a la agencia de cobro.

Pero, si la agencia de cobro se comunica contigo y comienza a dialogar con ellos, a dar su información personal de dirección física, postal, lugar de trabajo, toda clase de información y como suele pasar, que comienza a emitir algunos pagos para mitigar las llamadas o quizás tratar de evitar que o hostiguen, legalmente ha "reconocido" la deuda y se verá obligado a pagar o a ser objeto de toda clase de gestiones de cobro por estos agentes.

De hecho, si no desea recibir llamadas de una agencia de cobro, sin dar detalles suyos, pídales que no desea recibir más sus llamadas y que toda información o gestión la hagan por escrito a su buzón de correos, de hecho le preguntarán la dirección a lo que debes responder: - "usted dice que yo le adeudo dinero, se supone tenga mi dirección, envíela a esa."- De hecho si en efecto le envían cartas, no está obligado a pagarles a las agencias de cobro si no desea, pero para protegerse debe recordar que para eso, no debe brindar su información por teléfono, ni hacer compromisos de pago, ni enviarlos, de lo contrario tendrá que pagar y sino lo hace quizás puedan llevarlo al tribunal.

Así que en resumen, pague sus cuentas a tiempo y sino puede llama a su banco y renegocie los términos mientras pueda, si finalmente su banco tiró sus cuenta a pérdida, no le debe ese dinero a nadie y podrá solicitar a las "agencia de crédito" que eliminen cuentas adversas que alguna agencia de cobro haya añadido en su contra.

¿Cómo dirigirse a una agencia de cobro alega usted le adeuda?

Si una agencia de cobro insiste que le debe dinero, le recomiendo le envíe una carta a la agencia que reclama, tome los datos de la dirección y envíe una carta en la que le exige una copia de todo el expediente que ellos reclaman tener, copia de los recibos, estados, cheques cancelados, copia del contrato, etc.

Carta Ejemplar # 9

Challenge to Verification Process to Creditor
(Agencias de Cobro)

Date:

Name of Collection Agency
Address of Collection Agency
City, State, Zip Code

To Whom It May Concern:

I have received a letter claiming that I owe a debt to (NAME). Since this is in error, I request that you send me the following proofs as you are obligated to do in accordance with the Debt Collection Practices Act, Section 1692g.

1. The original application or contract
2. Any and all statements allegedly related to this debt.
3. Any and all signed receipts.
4. Any and all canceled checks.

Under the law, you have 30 days to supply these proofs. In addition, do not contact me in any way. From now on, we will communicate through the mail.

Sincerely,

Signature

You're Name
Address
Social Security Number
Date of Birth

A computadora - Copia del reporte de crédito

Legalmente ellos deben proveer lo solicitado en la carta, todo, si así lo hacen ellos están debidamente documentados para proceder con su reclamo y te corresponde a ti determinar si le paga o no y esperar si ellos desisten de sus gestiones de cobro.

Pero, ¿qué pasa si la agencia de cobro no pudo proveer todo lo solicitado en la carta y no le contestan? Usted podrá, con copia de la carta enviada y copia del recibo postal que indica la fecha de envío y de recibida la correspondencia, enviar una nueva carta a las agencias de crédito en la que aparece la cuenta reflejada en el informe crediticio.

En esa carta explica que la agencia de cobro falló en ley al no poder proveer evidencia de la deuda que ellos ilegalmente reclaman y que se adjunta a la carta copia de lo enviado, por lo que procede en ley es la eliminación total de dicha cuenta de su reporte de crédito.

A esos efectos la carta modelo que puede utilizar para escribir a la agencia de crédito solicitando que borren la cuenta al estos no poder probar su legalidad a la deuda, es la siguiente:

Carte Ejemplar # 10

Challenge to Verification Process

Date:

Name of City Bureau
Address of City Bureau
City, State, Zip Code

To Whom It May Concern:

In accordance with the law, I have sent a Letter to the following creditors in order to verify the debts you allege that I owe. Since these creditors cannot verify these debts to me, even though I am the alleged debtor, how can your bureau claim to have verified them? As you can see, there were sent certified mail return receipt requested.

Since these debts have not been verified according to the law, I demand that you remove all reference to these accounts from my credit report within the next 30 days.

Sincerely,

Signature

You're Name
Address
Social Security Number
Date of Birth

A computadora - Copia del reporte de crédito – Copia del recibo certificado

Siga las instrucciones que indica al pie de la letra, (A computadora-Copia del reporte de crédito-Copia del recibo postal certificado).

Y envíe esta carta con todo lo anterior, certificada con acuse de recibo y espere la respuesta en o antes de 30 días.

¿Cómo detener las llamadas y visitas de los acreedores y agencias de cobro?

Si no desea continuar recibiendo llamadas ni visitas de sus acreedores ni de cobradores de agencias de cobro, tu tienes derecho a ello, pero, debe solicitarlo por escrito, a continuación un modelo de carta que puede utilizar para ese propósito:

Carta Ejemplar # 20

Letter to Collection Agency to stop calling

Date:
To Collection Agency Name
Address:

From: You're Name
Address:
Re: (Nombre y # de cuenta)

To Whom It May Concern:

I have asked you to stop calling me about the above noted matter. This is my noticeto you in writing to stop calling me. I am aware of the situation, and I will contact you with any information I have that concerns this matter. I have forward a copy of this letter to the FTC and the Better Business Bureau.

Thank you,

Signature
You're Name
Date

A Computadora

Envíe esta carta hecha a computadora por correo certificado y acuse de recibo al acreedor, institución bancaria o crediticia, agencia de cobro y cualquier otro que le esté llamando o visitando.

Una vez ellos reciban esta comunicación no podrán llamarlo, toda comunicación será por escrito, si lo llaman haga un reporte en la policía y haga una querella en la FTC (Federal Trade Commission) por violar la ley y provea la carta enviada por usted con copia de la certificación de correo.

¿ME PUEDO PROTEGER DEL ROBO DE IDENTIDAD?

¿Qué hacer si roban su identidad?

El robo de identidad se produce cuando alguien usa su número de seguro social u otra información personal para abrir cuentas nuevas a su nombre, comprar casas, autos, hacer compras o conseguir un reembolso de impuesto; debes reportar a la FTC (Federal Trade Commission).

La mayoría de la gente que sufre un robo de identidad debe seguir varios pasos para recuperarse puedes accesar este enlace al web www. RoboDeIdentidad.gov es un recurso en español del gobierno federal que lo ayudará a reportar el robo de identidad y recuperarse de este delito. El sitio ofrece útiles consejos para seguir paso a paso y recursos tales como listas de verificación fáciles de imprimir y modelos de carta que puede utilizar para que envíe a instituciones pertinentes.

Además, si ha notado que es víctima de fraude debe llamar a las agencias de crédito y notificarles al respecto para que pongan un aviso en su crédito de alerta de fraude por tres meses, si luego de esos tres meses considera que aún lo necesita puede volver a llamar y se extenderá por un año.

- TransUnion.com/fraud 1-800-680-7289
- Experian.com/fraudalert 1-888-397-3742
- Equifax.com/CreditReportAssistance 1-888-766-0008

También debe hacer una querella en la policía local solicitar copia de el informe y enviar una copia de todo lo anterior a la institución que ha ofrecido crédito a su nombre para que detengan toda transacción e investiguen. Debe además cambiar de cuenta bancaria y solicitar tarjetas nuevas.

Cómo proteger su identidad y crédito.

Si bien el robo de identidad es algo que le puede pasar a cualquiera, hay algunas cosas que puede hacer para reducir su riesgo. Estas son algunas de las maneras de incorporar la protección de su identidad a su rutina diaria:

- Lea atentamente y con frecuencia los resúmenes de su cuenta bancaria y tarjeta de crédito.

- Esté atento a las fechas de vencimiento de sus pagos. Si su factura no llega en la fecha habitual, averigüe qué sucedió.
- Triture todos los documentos que contengan información personal y financiera.
- Revise cada uno de sus tres informes de crédito por lo menos una vez al año.

Cuando recibas un informe de crédito y en ellos encuentre incongruencias en su nombre, dirección, teléfono, patronos, debe llamar a la agencia crediticia para que le corrijan la información o eliminen la incorrecta.

Además, puede enviar una carta en la que especifica su información actualizada completa y que toda información adicional que no esté incluida en la carta que usted envía debe ser eliminada. De esta manera también ayuda a no ser víctima de fraude y robo de identidad, la carta modelo que puede utilizar es la siguiente:

Carta Ejemplar # 11

Request to Remove Checkpoints
(Corregir Información)

Date:

Name of City Bureau
Address of City Bureau
City, State, Zip Code

To Whom It May Concern:

Please remove the following checkpoints, alerts and file variations which are being maintained incorrectly on my report. Obviously, these are typos or errors and make may credit report appear may though I am engaged in fraud.

The only information that should appear on my report is the correction information listed on this letter. Please make these corrections and send me a copy of my updated report for my files.

1. Nombre
2. Dirección
3. Empleo

Furthermore, please provide me with the names, addresses and phone number of the companies who caused these errors so I may follow up.

Sincerely,

Signature

You're Name
Address
Social Security Number
Date of Birth

A computadora – Copia de la licencia de conducir – Copia de cualquier factura de Luz, agua, cable.

Envíe esta carta por correo certificado y siga las instrucciones que se encuentran al pie de la carta (A computadora-Copia de la licencia de conducir- Copia de cualquier factura).

10 Consejos de la Comisión Federal Comercio (FTC)

1. **Detecte a los impostores.** Los estafadores suelen hacerse pasar por alguien que le inspira confianza, por ejemplo, un funcionario del gobierno, un familiar, una entidad de caridad o una compañía con la cual usted tiene una relación comercial. No envíe dinero, ni dé su información personal en respuesta a un pedido inesperado, ya sea que lo reciba por mensaje de texto, llamada de teléfono o email.

2. **Haga búsquedas en internet.** Ingrese el nombre de una compañía o de un producto en su buscador favorito de internet agregando palabras como "comentarios", "queja" o "estafa". O haga una búsqueda ingresando una frase que describa su situación, por ejemplo "llamada del IRS", incluso puede hacer la búsqueda ingresando números de teléfono para ver si otra gente reportó esos números en relación a una estafa.

3. **No confíe en lo que indica el identificador de llamadas.** Con la tecnología actual, a los estafadores les es más fácil falsear la información del aparato de identificación de llamadas, así que el nombre y número que ve en el aparato no siempre son reales. Si alguien lo llama para pedirle dinero o información personal, cuelgue el teléfono. Si cree que la persona que lo

llama podría estar diciendo la verdad, vuelva a llamar a un número que le conste que es genuino.

4. **No pague por adelantado a cambio de una promesa.** Alguien podría pedirte que pague por adelantado por cosas tales como servicios de alivio de deudas, ofrecimientos de crédito y préstamo, asistencia para deudores hipotecarios o un empleo. Hasta podrían decirle que se ganó un premio, pero que primero tiene que pagar impuestos o cargos. Si los paga, probablemente se quedarán con su dinero y desaparecerán.

5. **Considere sus opciones de pago.** Las tarjetas de crédito le ofrecen un nivel de protección importante, pero hay algunos otros métodos de pago que no. Hacer transferencias de dinero a través de servicios como Western Union o MoneyGram es riesgoso porque es casi imposible recuperar el dinero. Esto también se aplica a las tarjetas recargables y tarjetas de regalo. Las oficinas del gobierno y las compañías honestas no le exigirán que use estos métodos de pago.

6. **Hable con alguien.** Antes de dar su dinero o información personal, hable con alguien de confianza. Los estafadores oportunistas quieren que tomes decisiones apresuradamente, incluso podrían amenazarlo. Desacelere, verifique la historia, haga una búsqueda en internet, consulte a un experto o simplemente hable con un amigo.

7. **Cuelgue a las llamadas automatizadas**. Si atiende el teléfono y escucha una promoción de ventas grabada, cuelgue y reporte la llamada a la FTC. Estas llamadas son ilegales y a menudo los productos que promocionan son falsos. No presione el número 1 para hablar con un operador, ni para eliminar su número de teléfono de la lista, eso podría generar más llamadas.

8. **Desconfíe de ofrecimientos gratuitos**. Algunas compañías usan las pruebas gratis para suscribirte a la compra de productos y le facturan todos los meses hasta que usted cancele la suscripción. Antes de aceptar una prueba gratuita, investigue la compañía y lea la política de cancelación. Y revise siempre sus resúmenes de cuenta mensuales para controlar si aparecen cargos que no reconoce.

9. **Niéguese a depositar cheques o hacer transferencias**. Por ley, los bancos deben poner a disposición los fondos de los cheques depositados en un par de días, pero descubrir un cheque falso puede llevar semanas. Si deposita un cheque y luego se descubre que es falso,serás responsable de devolverle ese dinero al banco.

10. **Suscríbete gratis a las alertas de estafa**. Reciba las últimas noticias y consejos sobre estafas directamente en la bandeja de entrada de tu email y entre al portal de la FTC al: https://www.consumidor.ftc.gov/

¿PUEDO SALIR DE LA TRAMPA DEL ENDEUDAMIENTO?

Ahorros

En este capítulo estaremos discutiendo este valioso tema. La falta de ahorros es una de las razones que lo que lleva al endeudamiento, cada vez que tiene una necesidad y no tiene ahorro recurrirá a la deuda y eso lo hace vulnerable y estar sujeto a los intereses de los bancos que se comen sus economía.

Le mostraré que no todos los ahorros son iguales y que existen distintas razones por las que debes ahorrar que no solo sean las emergencias. Debe tener cuentas de ahorro para vacaciones, para enfermedad y para su retiro.

Dentro del renglón de ahorros he sugerido que cada individuo debe tener seguro médico, seguro de vida y accidentes. Estos te permitirán afrontar cualquier situación imprevista y podrás recurrir a ellos cuando los necesite sin que te lleven a la ruina por no tenerlo. La adquisición de estos seguros le permitirá cubrir el periodo por el que atraviese sin que drenes tus ahorros. Así que considera los mismos seriamente si aún no los tienes.

Retomando el tema de los ahorros, debes tener varias cuentas o renglones.

1. **Cuenta para emergencias.** En esta cuenta depositarás sólo dinero para ahorrar para emergencias,a la cantidad mínima en esta cuenta debe ser de tres (3) a seis (6) meses de tus ingresos mensuales. De esta cuenta pagarás todos las situaciones imprevistas en tu diario vivir, como por ejemplo, la compra de una nevera que se dañe, la reparación de la transmisión de tu vehículo, cubrir tus pagos por estar enfermo durante un mes, etc., solo para tus emergencias.

2. **Cuenta de ahorros para vacaciones y placeres.** Así como lee, trabajas duro todo el año y por prolongadas horas, por lo que tienes derecho a relajarte, pasarla bien y darte una escapada de fin de semana a tu lugar favorito, pero, no debe ser con deudas a tu tarjeta de crédito, ni préstamos. Deposite en esta cuenta aunque sea una pequeña cantidad hasta lograr la suma que necesite para usted y su familia. Quizás no sean vacaciones, quizás sea ese hermoso televisor de pantalla gigante con equipo estéreo y ese hermosa butaca reclinable

acojinada para ver sus películas favoritas.

Sino lo hace ahorrando, finalmente se endeudará para tomar algunas vacaciones, o disfrutar sus placeres que lejos de disfrutar estará más angustiado pensando cómo las pagará y empeorará su situación de dinero.

3. **Cuentas de Retiro.** Las personas deben ahorrar, pues el seguro social ya no da para vivir como jubilado, por lo que te corresponde a ti completar el dinero que necesitarás para tener un retiro digno.

Toda persona asalariada debe buscar las ventajas legales disponibles para maximizar su dinero y lograr reducir el pago de contribuciones con la utilización de herramientas provistas en la ley para ti, algunos ejemplos son:

A. **Planes 401(k)**

Si usted es un asalariado verifique en su empresa si ofrece el beneficio de planes de retiro conocidos como los 401(k), en ellos usted podrá aportar una cantidad porcentual de su cheque cada vez que cobre automáticamente; este programa es sumamente beneficioso ya que la empresa para la que usted trabaja puede hacer un pareo de la cantidad que usted deposite, así es, le regalará dinero por usted ahorrar para su retiro.

La empresa mientras tanto recibirá una exención del Gobierno con sus obligaciones contributivas; además el dinero que usted deposite en esta cuenta no pagará contribuciones sobre ingresos hasta cierta cantidad máxima anual que ronda los $5,000 si rinde como soltero y el doble si rinde planillas como casado, también el dinero depositado generará interés y ganancia de capital en los mercados de inversión en la Bolsa de Valores donde el dinero es invertido de forma diversa para reducir riesgos.

Le recomiendo que inicialmente deposite en esta cuenta el diez (10%) por ciento de sus ingresos y nunca menos de cinco (5%) por ciento.

El dinero aquí depositado es con el propósito que permanezca hasta su retiro, si usted decide retirar dinero en cualquier momento podrá hacerlo, pero tendrá que pagar las penalidades por retiro temprano; excepto que sea para razones en justificadas en ley, como una enfermedad terminal, la adquisición de un hogar, u otros a los que usted tiene derecho a orientarse con su patrono o administrador del fondo.

Hay opciones de "pagar" la contribución de dinero al plan al momento de depositar, pero, así estará exento del pago de contribuciones por las ganancias invertidas y retiradas a la edad de retiro ya que usted ya lo hizo mientras depositó; esta es la opción que más recomiendo a mis clientes ya que las contribuciones ahora son más bajas que lo que serán a la edad que usted se retire, créame.

Por otro lado, puede decidir no pagar al momento del depósito logrando exención anualmente al momento de su radicación de planillas, pero, pagará a la fecha de su retiro.

B. Cuentas IRA

Las cuentas IRA (Individual Retirement Account) son planes de retiro individual, es decir, si usted no tiene el beneficio de un plan de retiro bajo el 401 (k) con su patrono puede aún adquirir inversiones por su cuenta directamente a través de su banco o casa de corretaje para crear su propio fondo de retiro individual o tener ambas si desea. De igual forma podrá deducir de sus planillas de contribución la cantidad depositada en esta cuenta de forma individual o en conjunto con su cónyuge. Y le aplica la misma regla de exenciones al momento del depósito o a la edad de retiro.

C. Plan Keogh

Quién es elegible?

- Las personas que trabajan por cuenta propia (No asalariados) y sus empleados.

- Personas que son dueñas del interés total de un negocio no incorporado.

- Dueños de más de un 10% de una sociedad especial o corporación de individuo.

Ventajas del Plan Keogh es que la contribución anual máxima deducible es hasta un 25% de tu ingreso neto luego de la aportación con un límite que se aproxima a los $50,000 (las cantidades varían dependiendo del Estado en que vivas).

Las aportaciones al plan son diferidas del pago de contribuciones hasta tu retiro, lo cual provee una excelente herramienta financiera para tu retiro.

Otro beneficio del plan Keogh es que provee mayor protección ante reclamaciones de terceros en caso de que usted sea demandado, pues el plan es un fideicomiso y es una entidad legal aparte de su persona.

Este plan debidamente implementado podría significar ahorros anuales en contribuciones de más de un 25%.

D. Planes de Inversión en Fondos Mutuos.

Busque un Corredor de Bolsa y oriéntese y abra una cuenta de Inversiones en los Fondos Mutuos en la que te permitan depositar automáticamente todos los meses la cantidad que acuerdes desde tu cuenta de bancaria.

Esta inversión debe ser la que sea sobrante de todo el presupuesto suyo anteriormente discutido, es decir, que luego que haya sacado dinero para pagar todas sus deudas, gastos fijos y deposite cierta cantidad en ahorros, para vacaciones y su retiro, entonces el sobrante lo podrá depositar en esta cuenta de inversión a largo plazo.

El dinero en estas cuentas es muy diverso ya que se adquieren bonos y acciones de múltiples empresas, diversificando y disminuyendo el riesgo y aumentando moderadamente pero sistemáticamente las ganancias, históricamente el retorno de inversión en interés es de 8 a 10 veces mayor que lo que el banco le pagará por su cuenta de ahorros. Tu sólo debes dejar en el banco la cantidad que necesites en caso de emergencias, vacaciones, pagar gastos y deudas, es decir, lo que se conoce como dinero "líquido", dinero rápido, ya que el dinero que va a una cuenta de retiro o inversiones es dinero a largo plazo.

En años recientes el sondeo de consumo de Google realizado por GoBankingRates en septiembre de 2015, revela que dos tercios de los estadounidenses no tienen suficiente dinero ahorrado.

-"Esto sugiere que probablemente no cuentan con reservas de efectivo para cubrir una emergencia y tendrán que recurrir al crédito, los amigos y la familia, o incluso sus cuentas de jubilación para cubrir gastos inesperados"-, afirmó Cameron Huddleston, un experto en finanzas y columnista de GOBankingrates.

Los resultados generales de la encuesta muestran que el 62 por ciento de los norteamericanos dispone de menos de $1000 dólares en sus cuentas de ahorro. Los ahorradores con el balance de más de $1000 dólares es del 29 por ciento.

Estas cifras son alarmantes, pero, no inusuales ya que según ha sido mi experiencia en el campo de las finanzas, normalmente las personas viven de cheque a cheque y cualquier desajuste o imprevisto los sacará de carrera y lo llevará a recurrir al banco para que le preste dinero.

Una sencilla, pero, muy útil técnica es la de ahorrar todas las monedas sueltas que entran a tu bolsillo y todos los billetes con denominación de un dólar que al final del día traes de vuelta a tu casa como resultado de la devolución de tus pagos cotidianos en el mercado o tienda. Te sorprenderías si colocas todo en un envase grande y sellado para evitar retirar y que solo abras a fin de año para llevarte una sorpresa de que podría haber cientos de dólares.

Recuerda que dinero no ahorrado, es dinero gastado. Por cierto debes haber escuchado del concepto de "páguese usted primero". Pues se lo recomiendo y no es otra cosa que cuando cobre, separe y deposite en cuenta de ahorro lo que hayas determinado ahorrar y luego pague sus deudas y gastos, de lo contrario, no le quedará nada para sus ahorros.

Si desea que sus ahorros generen buenos dividendos e intereses, el banco no es el lugar adecuado ya que estos solo le ofrecerán un bajo por ciento versus un mayor interés en inversiones, secretos que le banco no quiere que usted sepa.

CONCLUSIÓN

Como conclusión a este libro deseo darles las gracias por haberlo obtenido. Espero que la lectura del mismo le ayude a tener una notable mejoría en sus finanzas personales. Los problemas económicos por los que pudiera estar atravesando hoy tardaron años, por lo que debe ser paciente y tener disciplina si desea corregir errores del pasado. Tome su tiempo en ir paso a paso en las áreas que haya identificado necesite trabajar. No espere resultados buenos y distintos, cometiendo los mismos errores que lo llevaron donde se encuentra.

Aproveche sus años productivos, los años de fuerza y capacidad, antes que lleguen los años de retiro en los que sus fuerzas estarán desgastadas, las visitas médicas serán más frecuentes y costosas.

Sepa que no hay varitas mágicas, ni genios de lámparas que otorguen deseos, así que el esfuerzo será el determinante para su éxito personal y financiero.

Prepárese ahora que puede, obtenga ingresos alternos, ahorre dinero, corte gastos innecesarios e invierta para su futuro y el de su familia. Recuerde que eres el responsable de tu vida, el arquitecto de la misma y debe ir poniendo bloque a bloque para construir tu propio castillo.

"Nos vemos en la cima"

Gypsy I. Córdova

TESTIMONIOS

"Mi querido amigo Gypsy Córdova, te felicito por el logro de este libro, agradeciendo mucho tu amistad y lo aprendido en los cursos de reparación de crédito. Mucho éxito."

-Justo Pabón, Locutor

"Nos preparaste para algo tan importante en la vida como lo es nuestro crédito y asi mejorar nuestras finanzas, conocimiento con el cual podremos también ayudar a otros para su futuro."

-Luis Fraticelli, Comerciante

"Ser asistida por Córdova me ha devuelto la paz que necesitaba en mi vida. He obtenido las herramientas necesarias para lograr obtener una estabilidad crediticia. Altamente recomendado."

-Vanessa Figueroa, Paralegal.

"En el momento más crítico de mi carrera profesional en términos económicos, Gypsy Cordova me ayudó a identificar los errores financieros y a corregirlos, salí adelante cuando menos lo pensé."

-Luis R. Pascual, Ingeniero.

ACERCA DEL AUTOR

Gypsy I. Córdova es natural de Cupey en San Juan, Puerto Rico. Es un empresario, líder, servidor público, orador, manejador de redes sociales, Técnico UXO y Analista Financiero Personal con experiencia en la industria de seguros, inversiones, planillas estatales y específicamente más aún en la rectificación de crédito personal.

Luego de una debacle económica personal, el autor del libro estuvo en la bancarrota bajo la ley de quiebras, salió de ella para levantarse y hacer una economía sólida que lo motivaron a continuar sus estudios y culminar, obteniendo un Bachillerato en Administración de Empresas y Finanzas.

Gypsy I. Cordova ha sido creador de exitosas empresas comerciales, miembro activo de organizaciones cívicas y comunitarias. Se ha destacado por su liderazgo y es miembro de la comunidad cultural Indígena Taíno.

Destacado en asuntos públicos, actualmente es el Presidente de la Legislatura Municipal de Vieques en dos cuatrienios consecutivos y ha conducido exitosamente una carrera política convirtiéndose en el legislador con más votos en las dos elecciones generales que participó en el 2012 y 2016.

Estratega autodidacta en mercadeo, se ha convertido en un experto manejador de redes sociales para negocios, también asesora en imagen personal para figuras públicas y profesionales.

Además de este producto que les presenta, Gypsy I. Córdova, continúa en la etapa de su más grande proyecto de vida, la crianza de tres hermosos hijos, ha quien ha dedicado esta obra.

www.ingramcontent.com/pod-product-compliance
Lightning Source LLC
Chambersburg PA
CBHW061513180526
45171CB00001B/162